4 bis 6 Jahre

Gabriela Rosenwald

Lapbook

Gesunde Ernährung

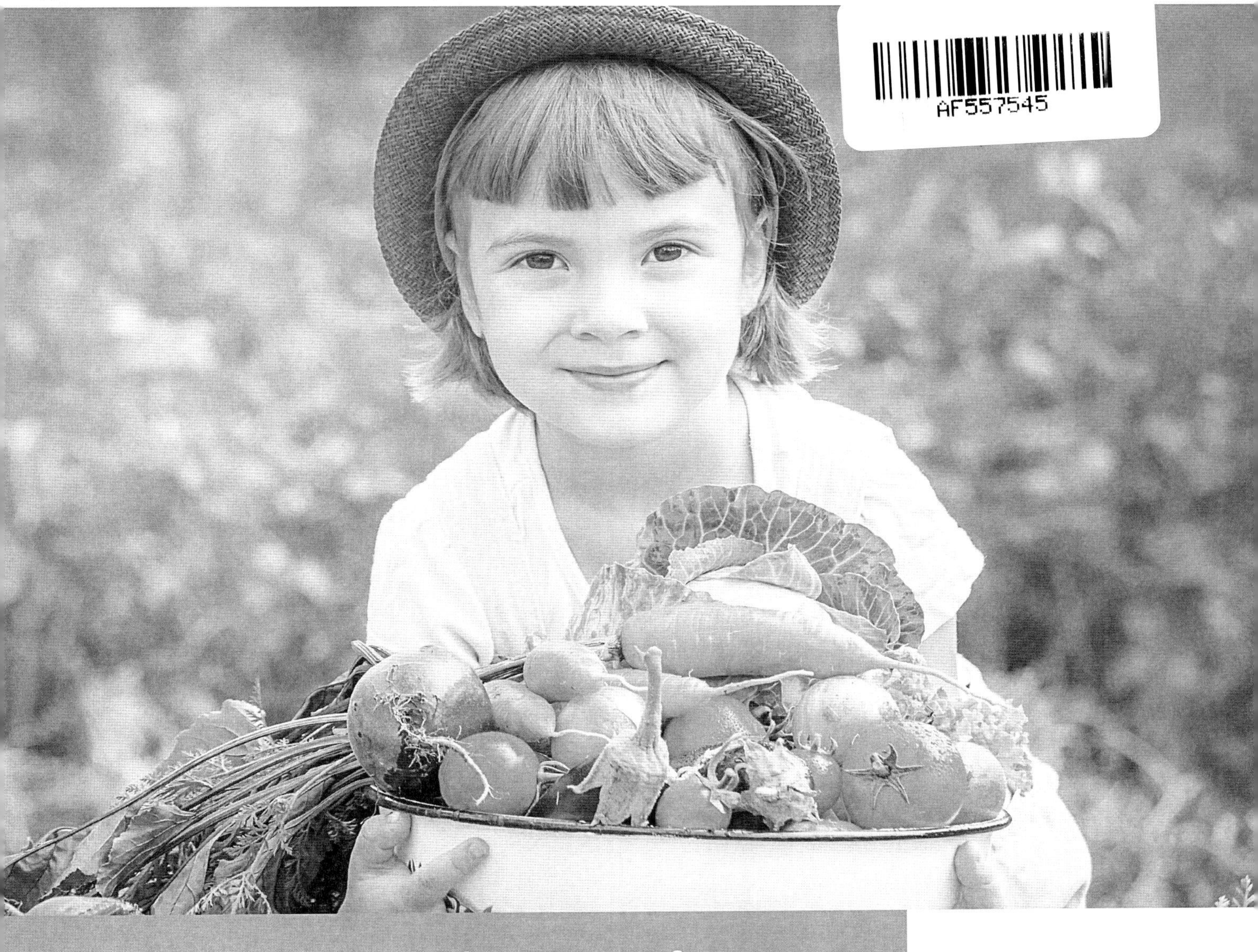

Mit Schere, Kleber und Stift gesundes Essen kreativ erarbeiten und darstellen

www.kohlverlag.de

Lapbook Gesunde Ernährung

Frühes Lernen

1. Auflage 2024

Idee und Text: Gabriela Rosenwald
Coverbilder: © yanadjan – AdobeStock.com
Redaktion: Kohl-Verlag
Grafik & Satz: Tatjana Wörner & Kohl-Verlag
Druck: Druckhaus Flock, Köln

Bestell-Nr. 13 042

ISBN: 978-3-98841-026-9

Bildquellen: © AdobeStock.com

S. 2: Africa Studio; S. 5: stylusstudio; S. 6: godesignz; S. 8: cirodelia, kongvector (3x), womue, MarySan, volff, baibaz, belamy, Natika, azure, rdnzl, Moving Moment, GSDesign, Jultud, topntp; S. 9: kongvector (3x); S. 10: Kadmy (2x), doris oberfrank-list, alter_photo (2x), Kazakova Maryia, Владимир Маевский; S. 11: Natika, GSDesign (2x), womue (3x), New Africa, fabiomax; S. 12: stockakia, setory (2x), Gebbi Mur, Aikaterini, vil1605 (2x), DGIM studio, AsAnia, pandavector, Elena, Olga Sh, mochipet, OWLISKO DESIGN, A 5, Gaia, Israel, Antonina, djvstock, Muhamad; S. 13+14: YoGinta, Лариса Марченко; S. 15: Dejan Perosevic, igorphoto50, cut, bayurov, pixarno, eivaisla, radub85, moritz, Markus Mainka, ozmen, New Africa, AlenKadr; S. 16: seppon; S. 17: mates, Dessie, womue, Gresei, naoe27 (3x); S. 18: Movim Moment, emuck, topntp, mbongo, evgenia sh, mates, Dessie, womue, Gresei, naoe27 (3x); S. 19: colnihko; S. 20: airdone (2x), Sunnydream, Svetalik, Popo123, savanno, ylivdesign, Voitkova, Utro na more, bubushonok, alloova, Apixsala; S. 21: FoodAndPhoto, uckyo, GraphicsRF (2x), Mara Zemgaliete, Elena Schweitzer, MarySan, Александр Фесенко; S. 22: AnggaAfin, Elena Schweitzer, Oleg, shair, PhotoSG, AkuAku, LUPACO PNG, New Africa, MaverickMedia; S. 23: siridhata, Elena Mykhailenko, mtmmarek, twelve.std, Elena, djvstock, Oleksandr Pokusai, Nat, lightgirl, 辛 甘; S. 24: New Africa, airborne77, Gresei, uwimages, bukhta79, Ivonne Wierink, photocrew; S. 25: magele-picture, photocrew, Christian Jung, New Africa, exclusive-design; S. 26: New Africa, emuck, Dušan Zidar, Sergii Moscaliuk, Nishihama, Andrei Armiagov, zcy, photocrew; S. 30: SM Web, New Africa (2x), AlenKadr (2x), Ekaterina (2x), Handmade Pictures, Nataliya Schmidt (2x), Jiri Hera (2x), andriigorulko, Ivonne Wierink, betka82, monticellllo, Alexander Raths, PhotoSG, mates, photocrew, Gresei, eivaisla (2x), Roman Samokhin, bomoge_pl, volff, marucyan, unpict, rdnzl, Jo, Gstudio, nod design; S. 32: PH-HY, xamtiw, Krafla, supamas, Alexander, New Africa, eyewave; S. 33: cirodelia, PH-HY, Krafla, supamas, Alexander, xamtiw; S. 34: xamtiw, New Africa, volff, TrudiDesign, andriigorulko, PrettyVectors; S. 35: Axel Bueckert; S. 36: BNP Design Studio, Cristina, TrudiDesign, indigolotos, azure, Pixel-Shot, dasuwan, GSDesign, karandaev; S. 37: sorcerer11, gavran333, valery121283, Thomas Francois, grey, photohampster (2x), Alexander Raths (2x), egorxfi, Xavier, Swapan, bergamont, Christian Jung, Friedberg, Mara Zemgaliete; S. 38: Orapun (6x); S. 39: rudut2015, Rina Design, honeyflavour, Lexi Claus, vil1605 (3x), luliia, bubushonok, Israel, Ismail Hossain, MariMuz, abbydesign

Bildquellen: © wikipedia frei

S. 29: Österreichisches Bundesministerium für Gesundheit

Der vorliegende Band ist eine Print-Einzellizenz

Sie wollen unsere Kopiervorlagen auch digital nutzen? Kein Problem – fast das gesamte KOHL-Sortiment ist auch sofort als PDF-Download erhältlich! Wir haben verschiedene Lizenzmodelle zur Auswahl:

	Print-Version	PDF-Einzellizenz	PDF-Schullizenz	Kombipaket Print & PDF-Einzellizenz	Kombipaket Print & PDF-Schullizenz
Unbefristete Nutzung der Materialien	x	x	x	x	x
Vervielfältigung, Weitergabe und Einsatz der Materialien im eigenen Unterricht	x	x	x	x	x
Nutzung der Materialien durch alle Lehrkräfte des Kollegiums an der lizenzierten Schule			x		x
Einstellen des Materials im Intranet oder Schulserver der Institution			x		x

Die erweiterten Lizenzmodelle zu diesem Titel sind jederzeit im Online-Shop unter www.kohlverlag.de erhältlich.

Inhalt

Vorwort

Das Arbeitsheft ist vorgesehen zum Einsatz im Kindergarten ab 4 Jahren sowie im 1. Schuljahr. Die Arbeitsblätter enthalten ein Lapbook als Bastelvorlage zum Thema „Gesunde Ernährung".

In diesem Lapbook wird die gesunde Ernährung mit 4 bis 6-Jährigen kurzweilig „erarbeitet". Die Kinder beschäftigen sich dabei kreativ und verinnerlichen gleichzeitig das altersgerecht aufgearbeitete und illustrierte Grundwissen zur gesunden Ernährung. Am Ende halten die Kinder ein spannendes, informatives und übersichtliches Klappbuch in den Händen. Das Gelernte wird / wurde spielerisch erfasst und gefestigt. Durch aktives Tun prägt sich der Lernstoff nachhaltiger ein. Die Kinder haben viel Spaß an der Arbeit!

Doch was ist ein Lapbook eigentlich?

Ein Lapbook wird meist aus einem Fotokarton oder Tonkarton hergestellt, der auf unterschiedliche Weise gefaltet und eingeschnitten werden kann. In einem solchen Lapbook können mit Hilfe von Faltbüchern, Leporellos, Minibüchern und verschiedenen Faltformen auf engem Raum viele Aussagen angeordnet werden.

Viel Freude und Erfolg mit diesen Seiten wünschen der Kohl-Verlag und

Gabriela Rosenwald

Und so kann es aussehen:

Arbeitspass

Name: ______________________________

Klasse: _____________

Seite	Thema	begonnen	erledigt

Lapbook GESUNDE ERNÄHRUNG Gesundes Essen kreativ erarbeiten und darstellen – Bestell-Nr. 13 042
KOHL VERLAG

Materialliste, Lapbook basteln

Was brauchst du für 1 Lapbook?

- Schere, für runde Formen evtl. eine Nagelschere
- Klebstoff
- 1 Papiermappe oder 1 buntes DIN A3 Papier
- Verschiedene Stifte, z. B. Bunt-, Faser-, Wachsmalstifte (+ weißer Stift)
- Büroklammern
- 1 Klarsichthülle (um angefangene Papierteile sicher aufzubewahren)
- Sticker, Stanzteile, Bilder ... alles, was zum jeweiligen Thema passt, zum Verzieren

So gestaltest du dein Lapbook

1. Variante

- Suche dir einen farbigen Fotokarton in der Größe DIN A3.
- Falte den Karton in der Mitte und klappe ihn wieder auseinander.
- Schon hast du ein Lapbook! Du kannst nun das Titelbild aufkleben und den Inhalt gestalten und einkleben. Überlege gut, bevor du den Innenteil befestigst.

2. Variante

- Nimm wieder einen farbigen Fotokarton (DIN A3).
- Falte den Karton in der Mitte und klappe ihn wieder auseinander.
- Falte nun die beiden äußeren Teile noch einmal zur Mitte. Nun sind 3 Knicke entstanden.
- Du kannst jetzt ein farbiges DIN A4 Blatt in die Mitte kleben. Dann klappst du die Seitenteile zu. Dein Lapbook ist fertig!
- Das Titelbild teilst du in der Mitte und klebst es auf.

KOHL VERLAG Lapbook GESUNDE ERNÄHRUNG Gesundes Essen kreativ erarbeiten und darstellen – Bestell-Nr. 13 042

Lapbook erweitern

Lapbook – Variationen

Wenn der Platz nicht reicht, weil du noch mehr erfahren hast oder einige Bilder einfügen möchtest: Dann wird dein Lapbook einfach erweitert!

Du kannst oben und unten, rechts und links weitere Klappen ankleben. Am besten klebst du die Klappen mit einem breiten Klebestreifen fest.

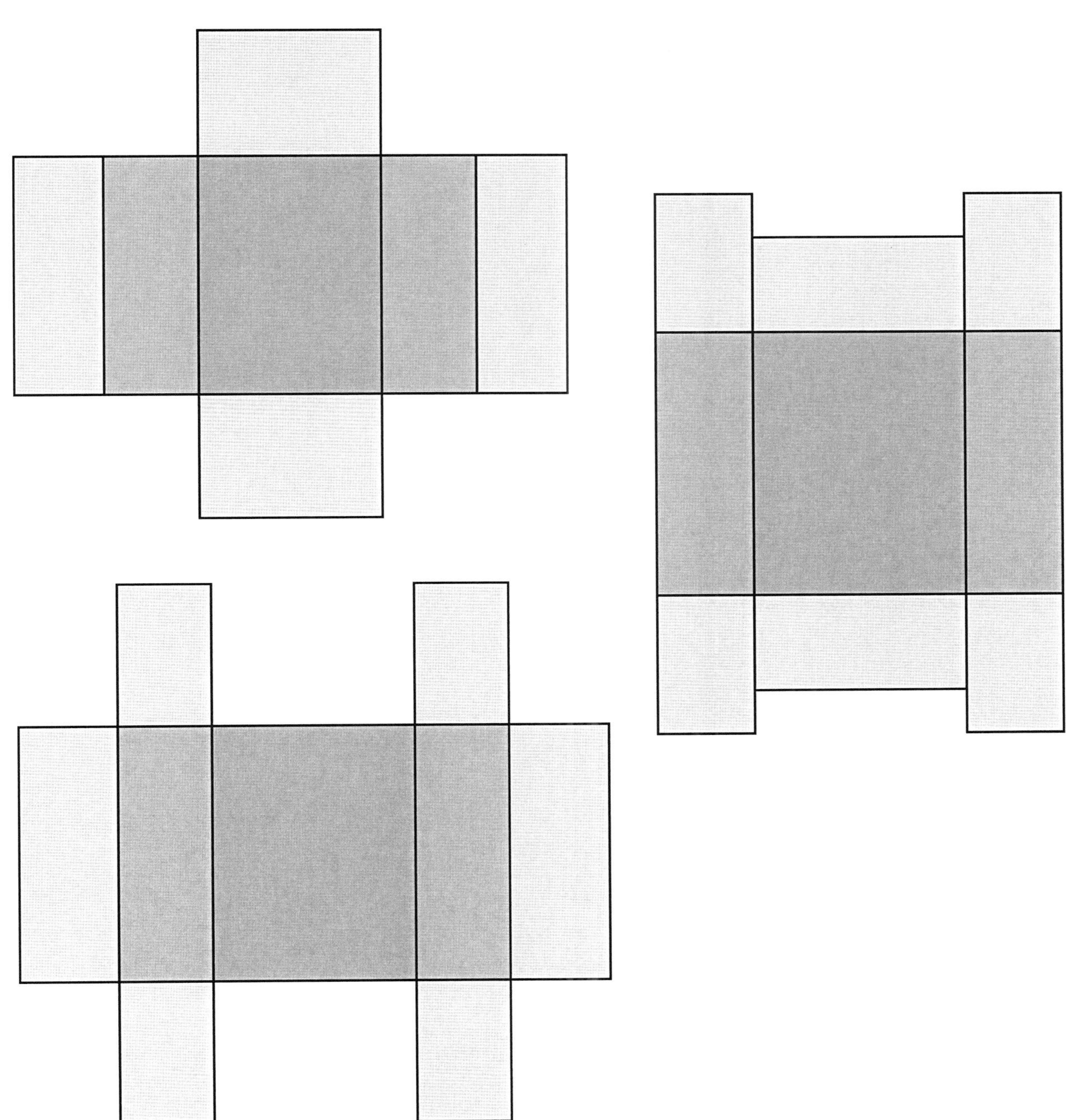

KOHL VERLAG Lapbook GESUNDE ERNÄHRUNG
Gesundes Essen kreativ erarbeiten und darstellen – Bestell-Nr. 13 042

Woraus besteht unsere Nahrung?

Unsere Nahrung besteht aus Kohlenhydraten (Zucker und Stärke), Eiweiß und Fett. Dazu kommen noch Vitamine und Ballaststoffe. Und auch Trinken gehört zu unserer Ernährung. Was meinst du, wo kommen Stärke + Zucker, Fett und Eiweiß vor?

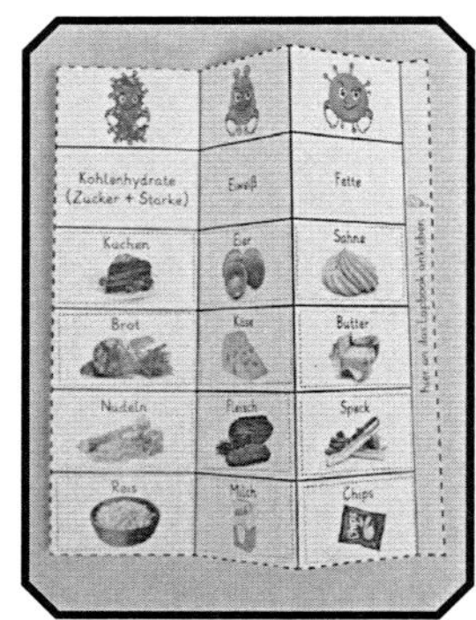

Schneide die Kärtchen aus und klebe sie in die Kästchen auf der nächsten Seite. Schneide die Form aus. Die faltest du wie eine Ziehharmonika. Das graue Feld klebst du an dein Lapbook. Vorne klebst du noch das Bild mit dem Titel auf.

Brot 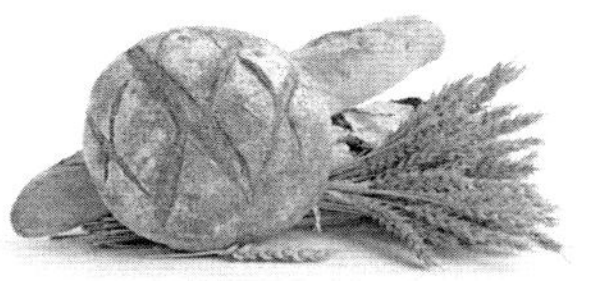	Chips 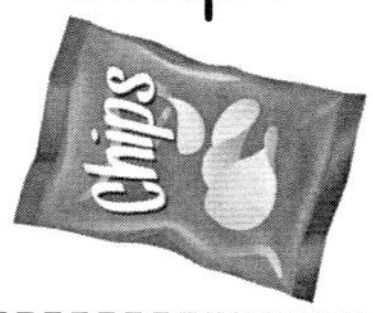
Eier 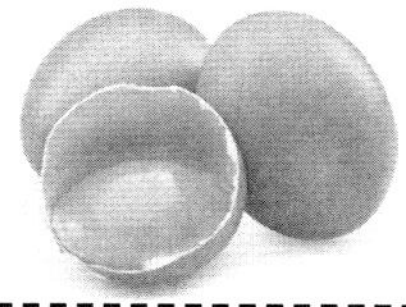	Kuchen 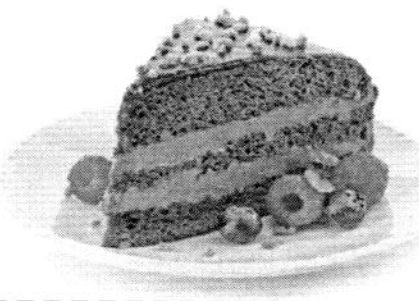
Butter 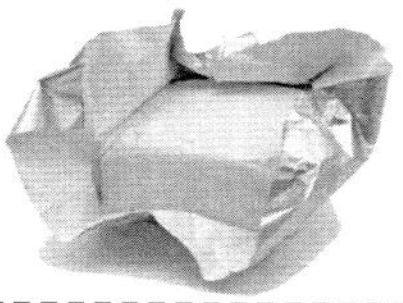	Sahne 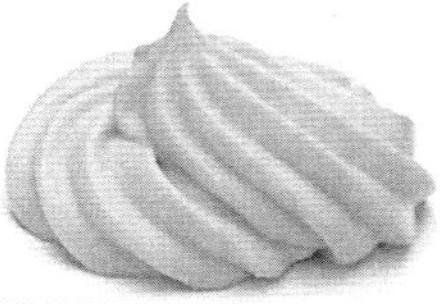
Käse 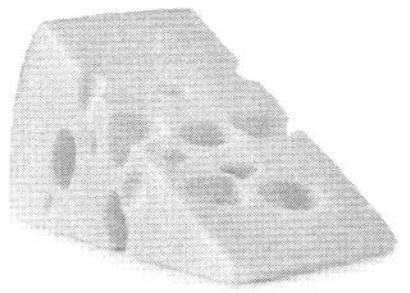	Milch 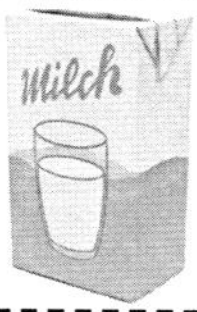
Reis 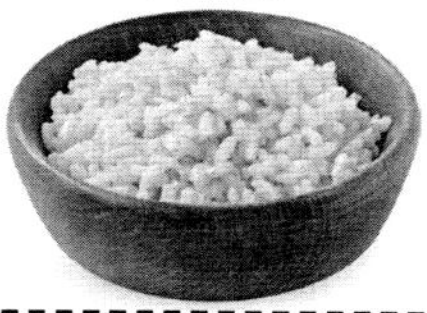	Fleisch 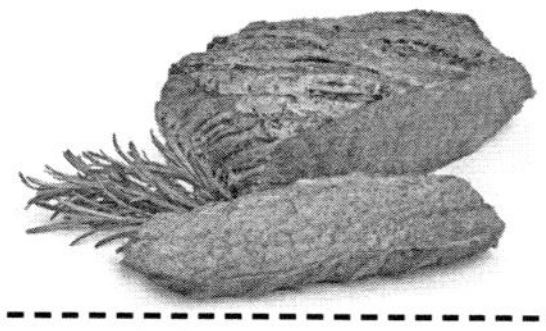
Speck 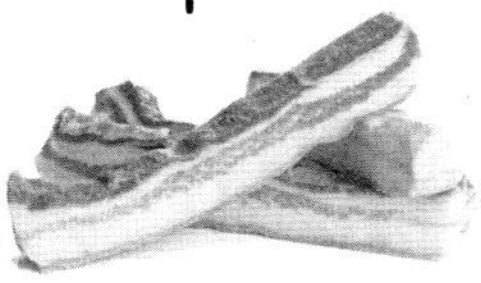	Nudeln 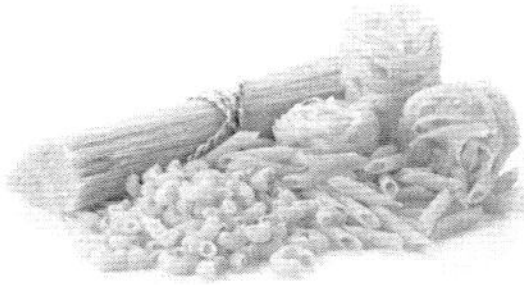

Lapbook GESUNDE ERNÄHRUNG
Gesundes Essen kreativ erarbeiten und darstellen – Bestell-Nr. 13 042
KOHL VERLAG

Woraus besteht unsere Nahrung?

diese Linie nach hinten knicken | diese Linie nach vorne knicken | diese Linie nach hinten knicken

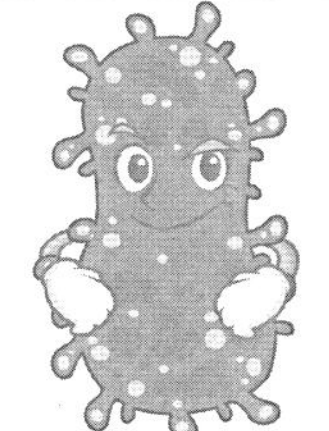			hier an das Lapbook ankleben
Kohlenhydrate (Zucker + Stärke)	Eiweiß	Fette	

Lösung:

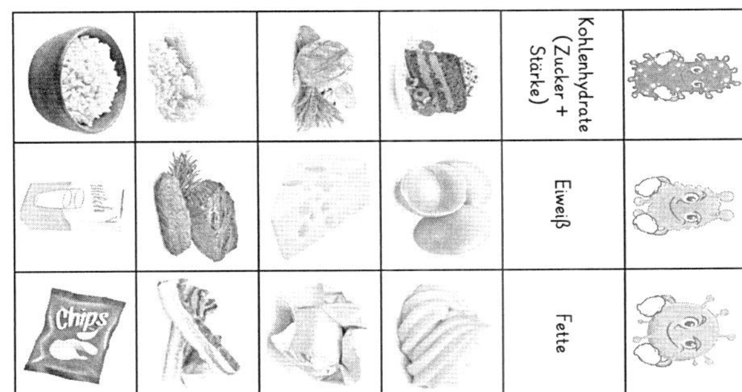

Lapbook GESUNDE ERNÄHRUNG
Gesundes Essen kreativ erarbeiten und darstellen – Bestell-Nr. 13 042
KOHL VERLAG

Woher kommen unsere Lebensmittel?

Schneide die Blume auf der nächsten Seite und die Kärtchen unten aus. Beantworte die Fragen und klebe die Kärtchen hinter das richtige Bild.

1. Brot macht man aus Getreide. Und wo kommt das her, wo wächst es?
2. Aus Milch kann man viele Sachen machen, wie Joghurt, Käse und Quark. Wo kommt denn die Milch her?
3. Wo wachsen denn unsere Äpfel und Birnen?
4. Die Vorfahren unserer Kartoffeln kommen aus Südamerika, bei uns wachsen sie auf dem ...
5. Woher kommt die Bratwurst, die mittags auf dem Tisch steht?
6. Das leckere Frühstücksei, wer stellt denn das her?

Dieses Bild kannst du ausmalen und in die Mitte kleben.

Lapbook GESUNDE ERNÄHRUNG
Gesundes Essen kreativ erarbeiten und darstellen • Bestell-Nr. 13 042
KOHL VERLAG

Woher kommen unsere Lebensmittel?

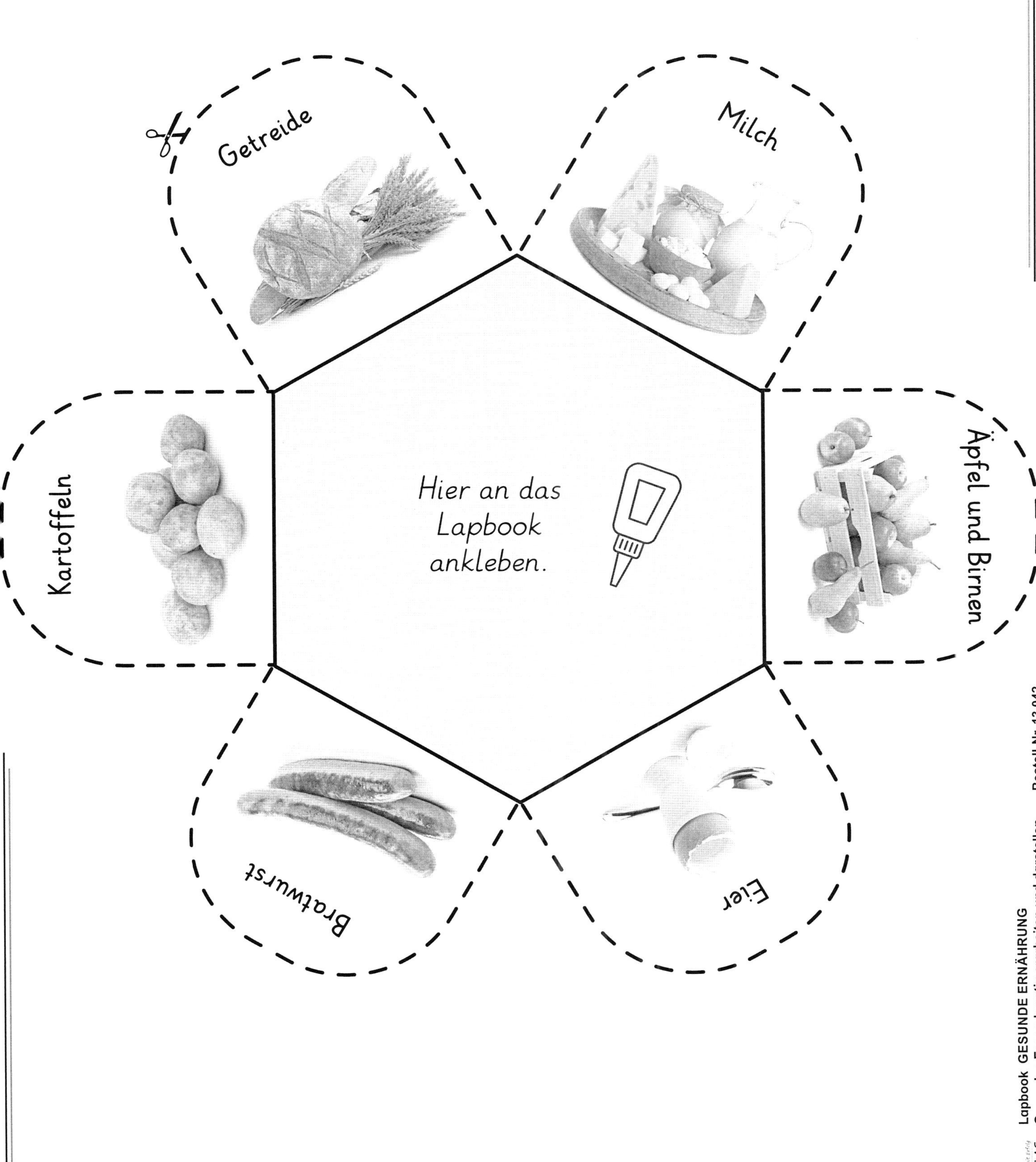

Gesund oder nicht?

Gesundes Essen macht fit und schlank,
ungesundes Essen macht dick und krank.

Malt die Kärtchen an und schneidet sie aus. Klebt sie auf die Männchen auf den nächsten 2 Seiten. Schneidet die Pfeile aus und faltet sie zur Ziehharmonika. Klebt sie in euer Lapbook.

Lapbook GESUNDE ERNÄHRUNG
Gesundes Essen kreativ erarbeiten und darstellen – Bestell-Nr. 13 042
KOHL VERLAG

Gesund oder nicht?

Die Rückseite dieses Feldes an das Lapbook kleben.

Lösungen:
Gesund sind: Pilze, Brokkoli, Salat, Gurke, Möhren, Tomate, Apfel, Kohl, Erdbeeren, Bananen

KOHL VERLAG
Lapbook GESUNDE ERNÄHRUNG
Gesundes Essen kreativ erarbeiten und darstellen – Bestell-Nr. 13 042

Gesund oder nicht?

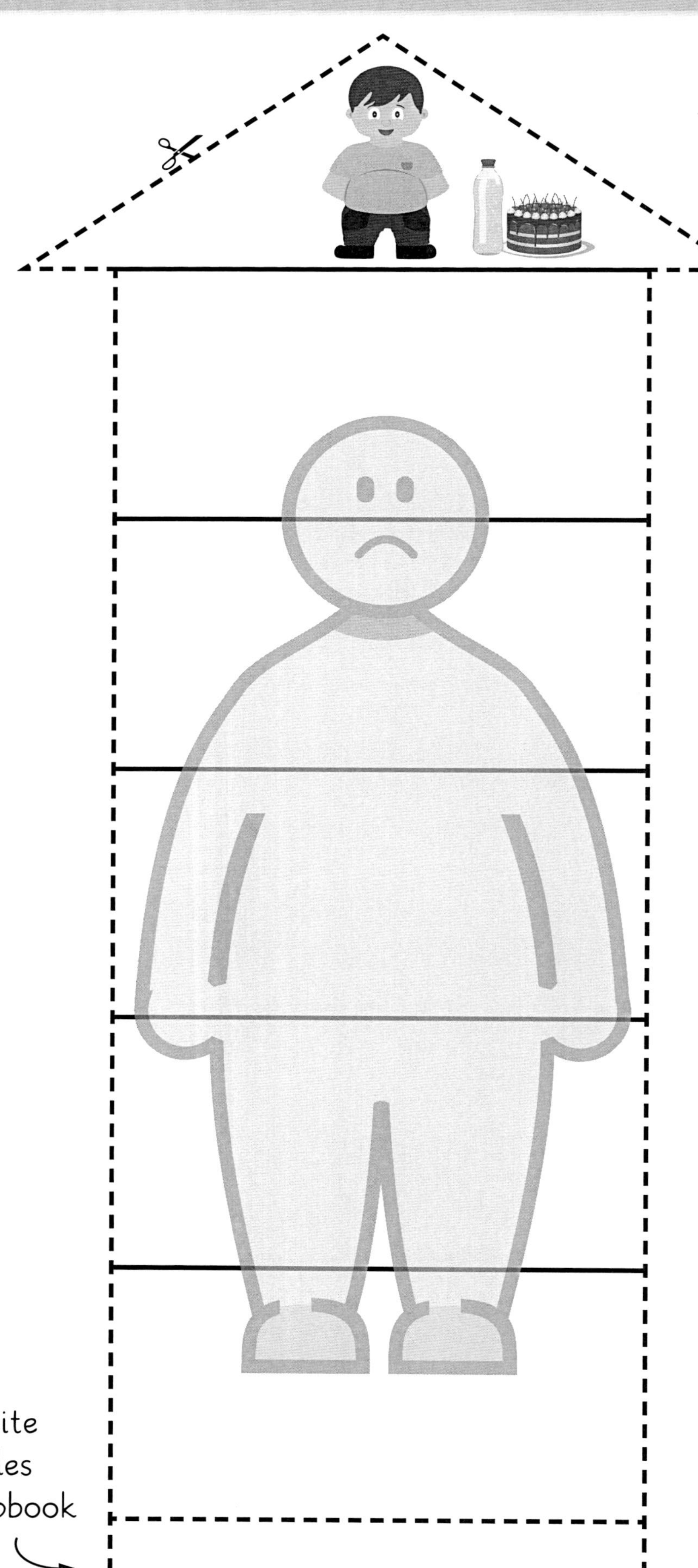

Die Rückseite dieses Feldes an das Lapbook kleben.

Lösungen:
Nicht gesund sind: Burger, Bonbons, Sahnetörtchen, Eis, Pommes frites, Pizza, Würstchen, Torte, Cola, Chips

Welche Getränke sind gut für dich?

Zum Vorlesen:
Es gibt viele Getränke, doch die wenigsten sind richtige Durstlöscher. Cola, Eistee, Fanta und Obstsäfte enthalten viel Zucker. Das ist nicht gut. Milch und Kakao zählen zu den Nahrungsmitteln und sind auch nicht gut gegen den Durst. Am besten sind Wasser, Tee ohne Zucker und stark verdünnte Fruchtsäfte, die wir Schorle nennen.

Schneidet die richtigen Bilder aus und klebt die gesunden Getränke in die Form auf der nächsten Seite. Schneide die Form dann aus und knicke sie an den durchgezogenen Linien nach hinten. Dann kannst du sie in dein Lapbook kleben.

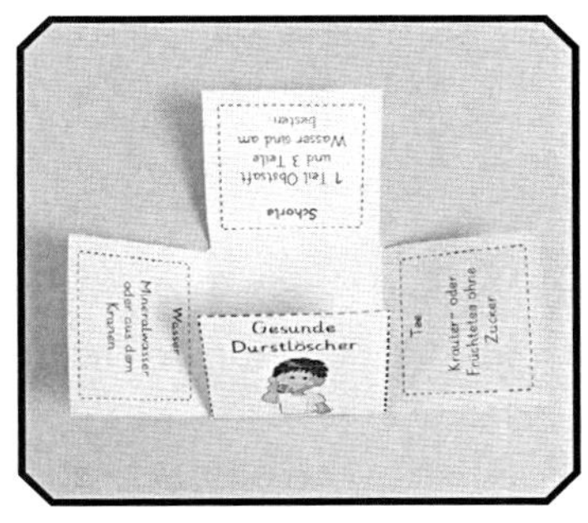

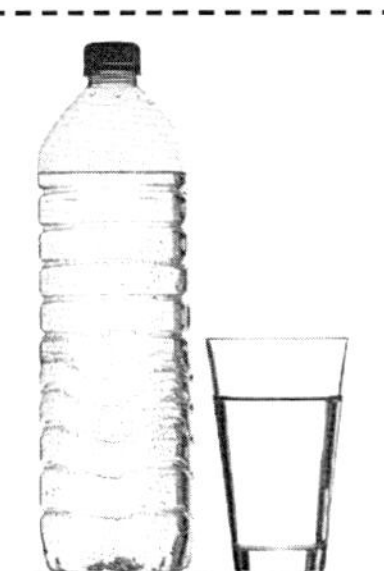

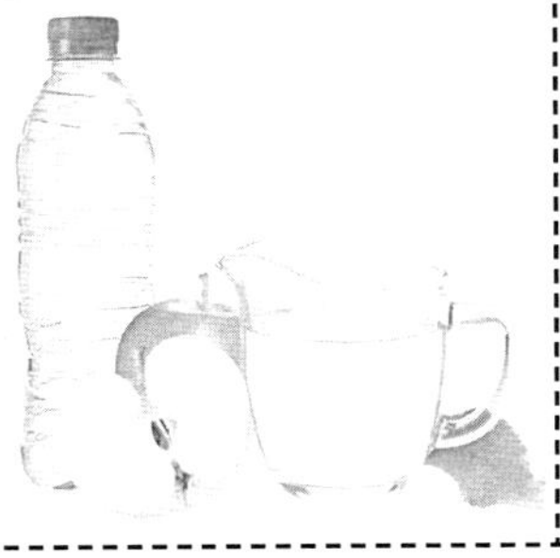

KOHL VERLAG Lapbook GESUNDE ERNÄHRUNG
Gesundes Essen kreativ erarbeiten und darstellen – Bestell-Nr. 13 042

Welche Getränke sind gut für dich?

Schneide diese 3 Kärtchen auch aus und klebe sie hinter die Bilder:

Schorle	Tee	Wasser
1 Teil Obstsaft und 3 Teile Wasser sind am besten.	Kräuter- oder Früchtetee ohne Zucker	Mineralwasser oder aus dem Wasserhahn

Gesunde Durstlöscher

Wasser

Hier an das Lapbook ankleben.

Tee

Schorle

KOHL VERLAG Lernen mit Erfolg
Lapbook GESUNDE ERNÄHRUNG
Gesundes Essen kreativ erarbeiten und darstellen – Bestell-Nr. 13 042

Kohlenhydrate

Zum Vorlesen:
Kohlenhydrate geben uns Kraft. Man unterscheidet zwischen Zucker und Stärke. Die meisten Kohlenhydrate essen wir mit Zucker, Süßigkeiten, Honig oder Fruchtsäften. Zucker gelangt sofort in die Muskeln oder ins Gehirn.
Getreide wie Weizen, Reis oder Mais enthält viele Kohlenhydrate in Form von Stärke. Dazu gehören auch Brot oder Nudeln. Diese Stärke muss im Körper zuerst in Zucker zerlegt werden. Sie wirkt daher nicht sofort, dafür aber länger. Stärke ist gesünder als Zucker.

Schneide die Form auf der nächsten Seite und die Kärtchen unten aus. Setze die Bilder richtig zusammen (immer 2 ergeben ein Bild) und klebe sie auf die Rückseite der Form mit dem gleichen Bild. Knicke diese dann an den durchgezogenen Linien nach hinten und klebe sie in dein Lapbook.

Welches Bild zeigt Kohlenhydrate? Klebe es in die Mitte der Form.

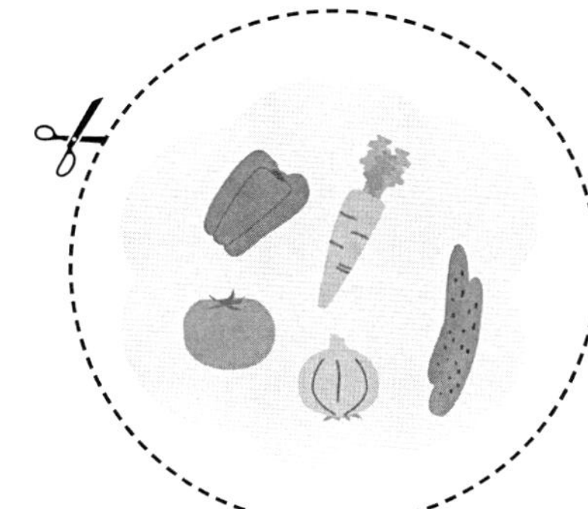

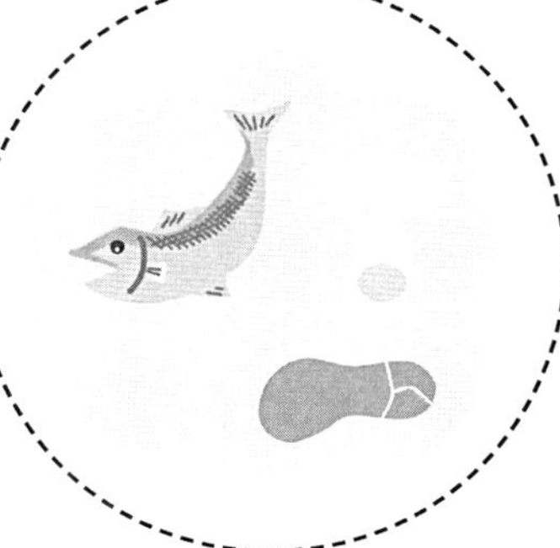

Lapbook GESUNDE ERNÄHRUNG
Gesundes Essen kreativ erarbeiten und darstellen – Bestell-Nr. 13 042
KOHL VERLAG

Kohlenhydrate

Kohlenhydrate
(Stärke und Zucker)

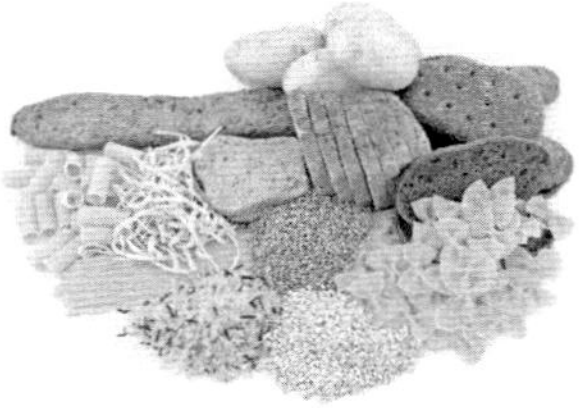

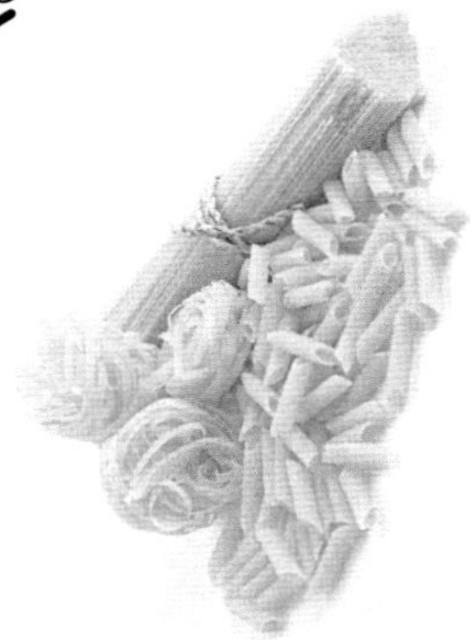

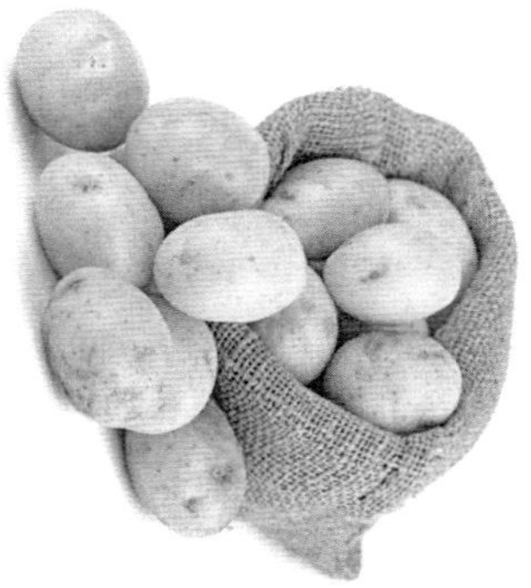

Hier an das
Lapbook
ankleben.

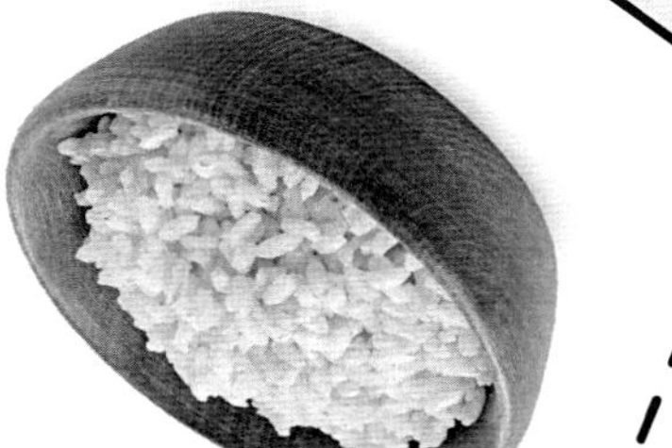

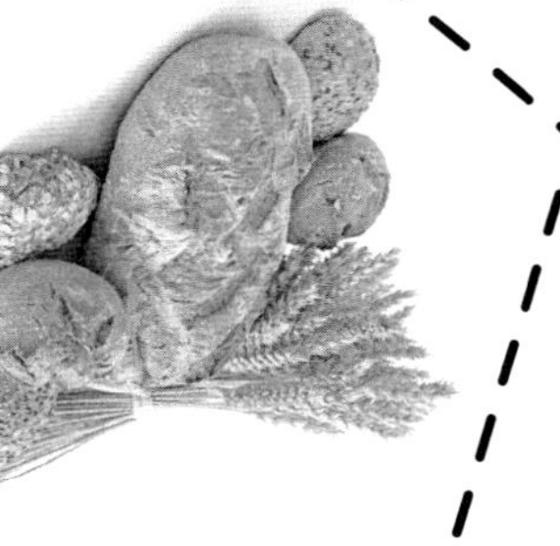

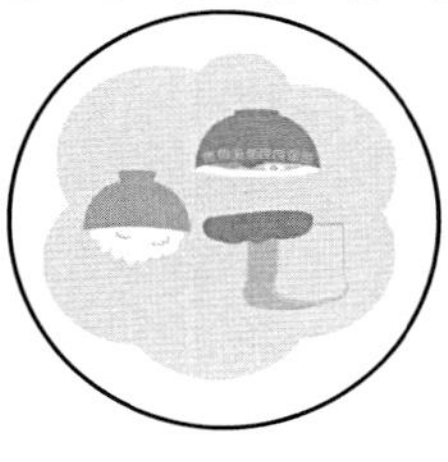

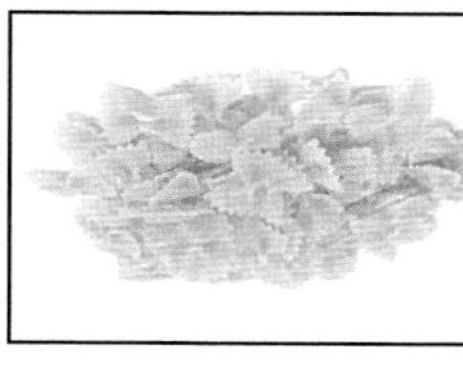

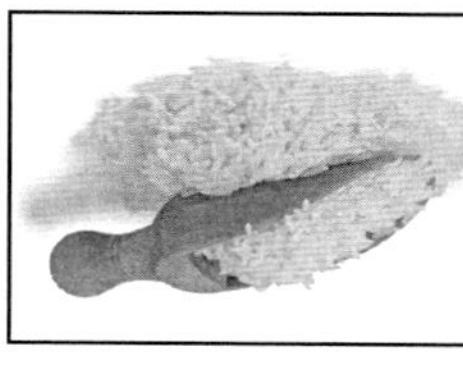

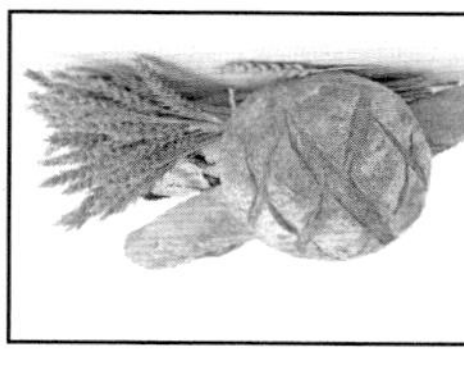

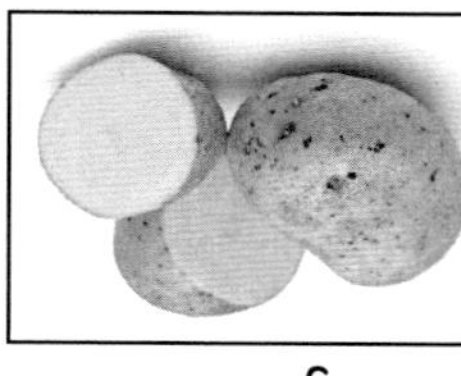

Lösung:

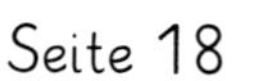

Fette

Zum Vorlesen:
Fette geben uns Energie, sie schützen die Organe und sind Teil der Zellen. Der Körper braucht Fett, um gesund und kräftig zu bleiben. Zu viel Fett ist jedoch ungesund und macht dick. Man unterscheidet Fette von Tieren und von Pflanzen.

Gesunde Fette sind:
- Olivenöl
- Avocados
- Nüsse wie Mandeln, Haselnüsse, Walnüsse und Erdnüsse
- Samen und Kerne wie Leinsamen und Kürbiskerne
- Öle aus Leinsamen oder Raps
- Fische, z. B. Lachs

Schneide das Mäppchen aus und klebe es zusammen. Male dann die gesunden Fette auf der nächsten Seite bunt an. Schneide sie aus und verwahre sie im Mäppchen. Klebe es zum Schluss an dein Lapbook an.

Lösungen:
Gesund sind:
Walnüsse, Avocado, Olivenöl, Lachs, Erdnüsse und Rapsöl

Lapbook GESUNDE ERNÄHRUNG
Gesundes Essen kreativ erarbeiten und darstellen – Bestell-Nr. 13 042
KOHL VERLAG

Fette

Gesunde Fette?

KOHL VERLAG Lernen mit Erfolg
Lapbook GESUNDE ERNÄHRUNG
Gesundes Essen kreativ erarbeiten und darstellen – Bestell-Nr. 13 042

Fette, die man selten essen sollte

Zum Vorlesen:
Kokos- und Palmfett, fettreiche tierische Lebensmittel wie Butter, Schmalz, fettreiche Wurst- und Käsesorten sollten nicht so häufig gegessen werden.
Auch Transfette sind ungesund für uns. Sie entstehen bei der Verarbeitung von Fetten und Ölen. Transfette findet man in einigen Margarinen, in Fertigprodukten, Süßigkeiten, Chips und frittiertem Essen.

Schneide die Kärtchen unten und auf der nächsten Seite (einzeln) aus. Klebe die Texte auf die Rückseite der Bilder. Hefte die Bilder an der Markierung zusammen. Das letzte Feld klebst du an dein Lapbook.

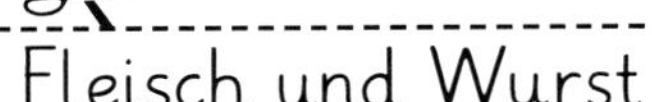

Fleisch und Wurst

fette Milchprodukte wie Butter, Sahne oder Käse

Bratfette (wie Kokos-Plattenfett, Butterschmalz, frittiertes Essen)

Fertigprodukte und alle verarbeiteten Lebensmittel

(Süßigkeiten, Chips, Fischstäbchen)

Lapbook GESUNDE ERNÄHRUNG
Gesundes Essen kreativ erarbeiten und darstellen – Bestell-Nr. 13 042
KOHL VERLAG

Fette, die man selten essen sollte

Die Rückseite dieses Feldes an das Lapbook kleben.

KOHL VERLAG Lapbook GESUNDE ERNÄHRUNG
Gesundes Essen kreativ erarbeiten und darstellen – Bestell-Nr. 13 042

Eiweiß

Zum Vorlesen:
Eiweiß ist ein Nährstoff, der für den Aufbau von Zellen wichtig ist. Unser Körper kann es nicht selbst aufbauen, es muss über die Nahrung aufgenommen werden.

Diese Lebensmittel haben viel Eiweiß:

- Milch (Käse, Joghurt) und Eier
- Fleisch und Geflügel
- Getreide und Mehle
- Nüsse und Kerne
- Fische und Meeresfrüchte
- Hülsenfrüchte und Gemüse

Male die Kärtchen bunt an. Schneide sie und die Form auf der nächsten Seite aus. Klebe die Kärtchen hinter das richtige Bild. Den Text klebst du in die Mitte der Form. Klebe sie dann an dein Lapbook.

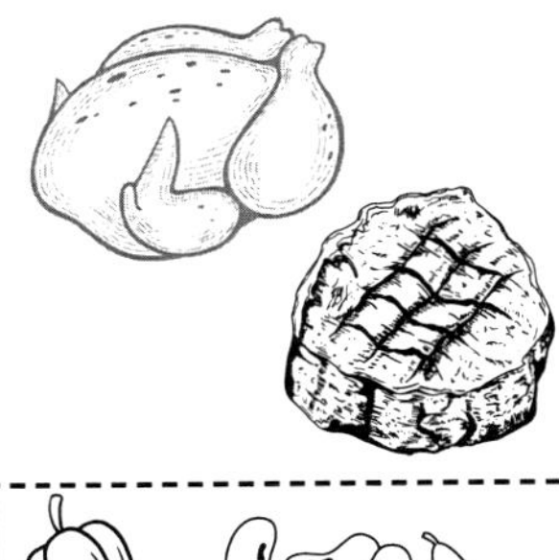

Diesen Text klebst du in die Mitte.

Eiweiß ist für unseren Körper sehr wichtig. Da er keinen Speicher für Eiweiß besitzt, muss unser Körper regelmäßig damit versorgt werden. Eiweiße liefern hauptsächlich Baumaterial für Muskeln, Organe und Blut, helfen aber auch bei der Abwehr von Krankheiten. Tierisches Eiweiß steckt vor allem in Fleisch, Fisch, Milch und Ei. Pflanzliches Eiweiß ist vor allem in einigen Gemüsen und Hülsenfrüchten, Nüssen und Getreide enthalten.

Lapbook GESUNDE ERNÄHRUNG
Gesundes Essen kreativ erarbeiten und darstellen – Bestell-Nr. 13 042

Eiweiß

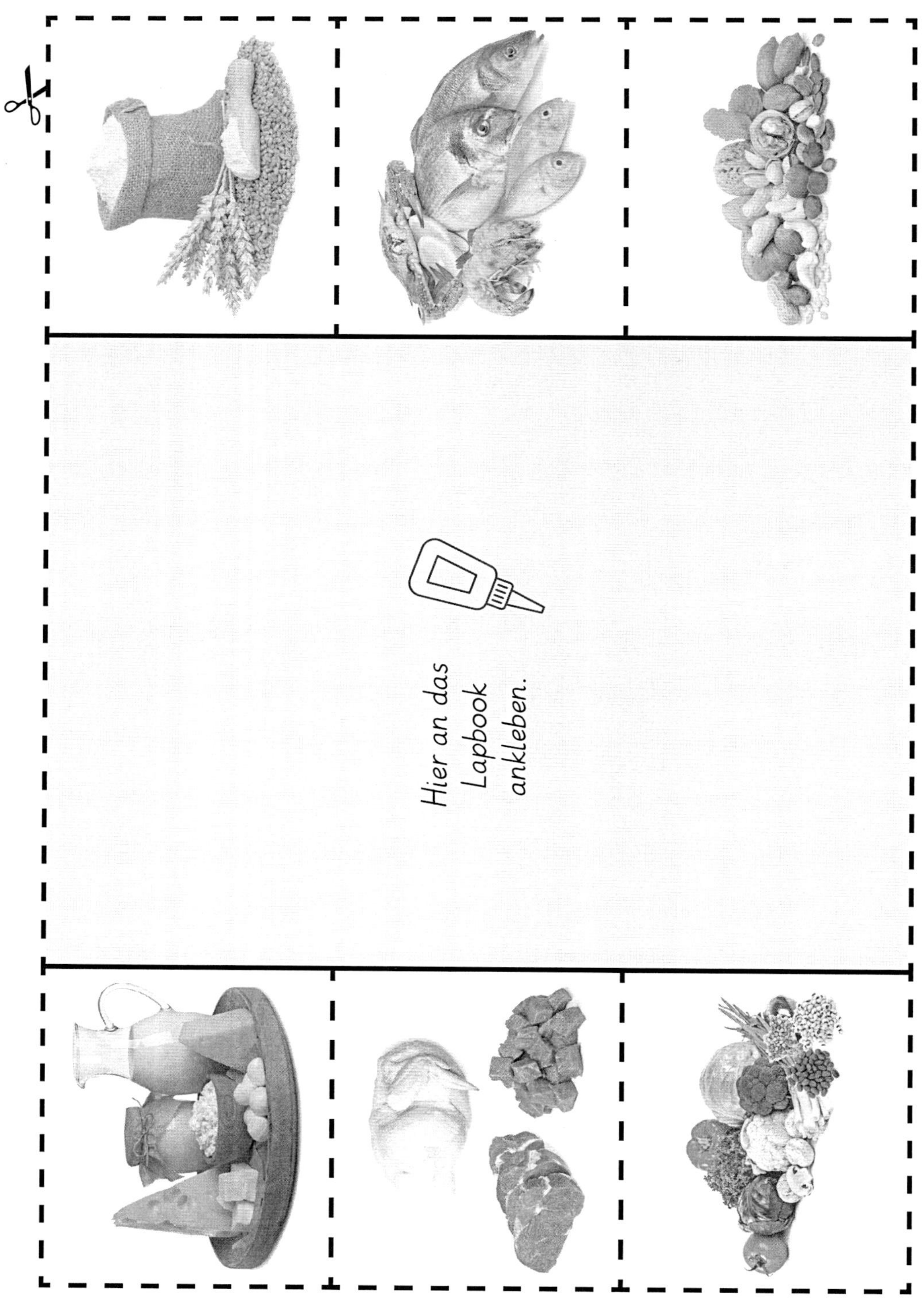

Ballaststoffe

Zum Vorlesen:
Ballaststoffe sind Kohlenhydrate, die der Körper eigentlich gar nicht verdauen kann. Das hört sich an, als ob unser Körper sie gar nicht braucht. Aber sie sind doch wichtig!
Im Magen saugen sich die Ballaststoffe mit Flüssigkeit voll. Deshalb machen Nahrungsmittel mit vielen Ballaststoffen auch länger satt.
Sie kommen nur in Pflanzen vor, also nicht in Fleisch, Käse, Eiern oder Milch.
Je natürlicher ein Nahrungsmittel ist, desto mehr Ballaststoffe sind darin. Geschältes Obst und Gemüse enthält also schon viel weniger Ballaststoffe als ungeschältes. Nüsse oder Vollkornprodukte enthalten viel mehr Ballaststoffe als helles Mehl und Dinge, die daraus gemacht werden, z. B. Kuchen.

Schneide die Kärtchen mit den Nährstoffen, die Ballaststoffe enthalten, aus. Klebe sie auf die Fahnen. Hefte die Fahnen an der Markierung zusammen und klebe sie in dein Lapbook.

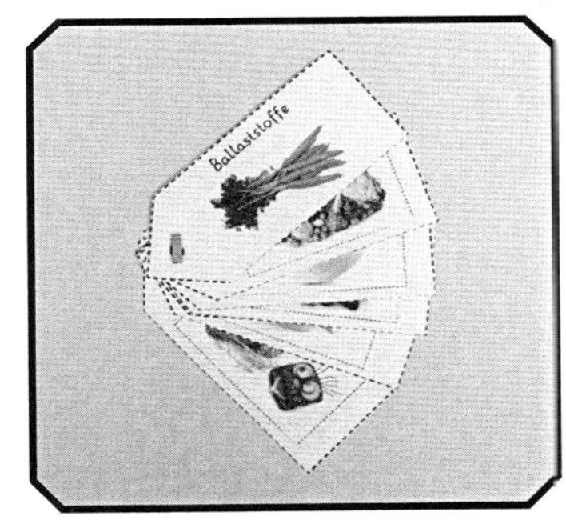

KOHL VERLAG
Lapbook GESUNDE ERNÄHRUNG
Gesundes Essen kreativ erarbeiten und darstellen – Bestell-Nr. 13 042

Ballaststoffe

Lösungen:
Ballaststoffe sind: Kohl, Möhren, Vollkornbrot, Nüsse, Haferflockenmüsli, Obst, Salat, Gemüse

Ballaststoffe

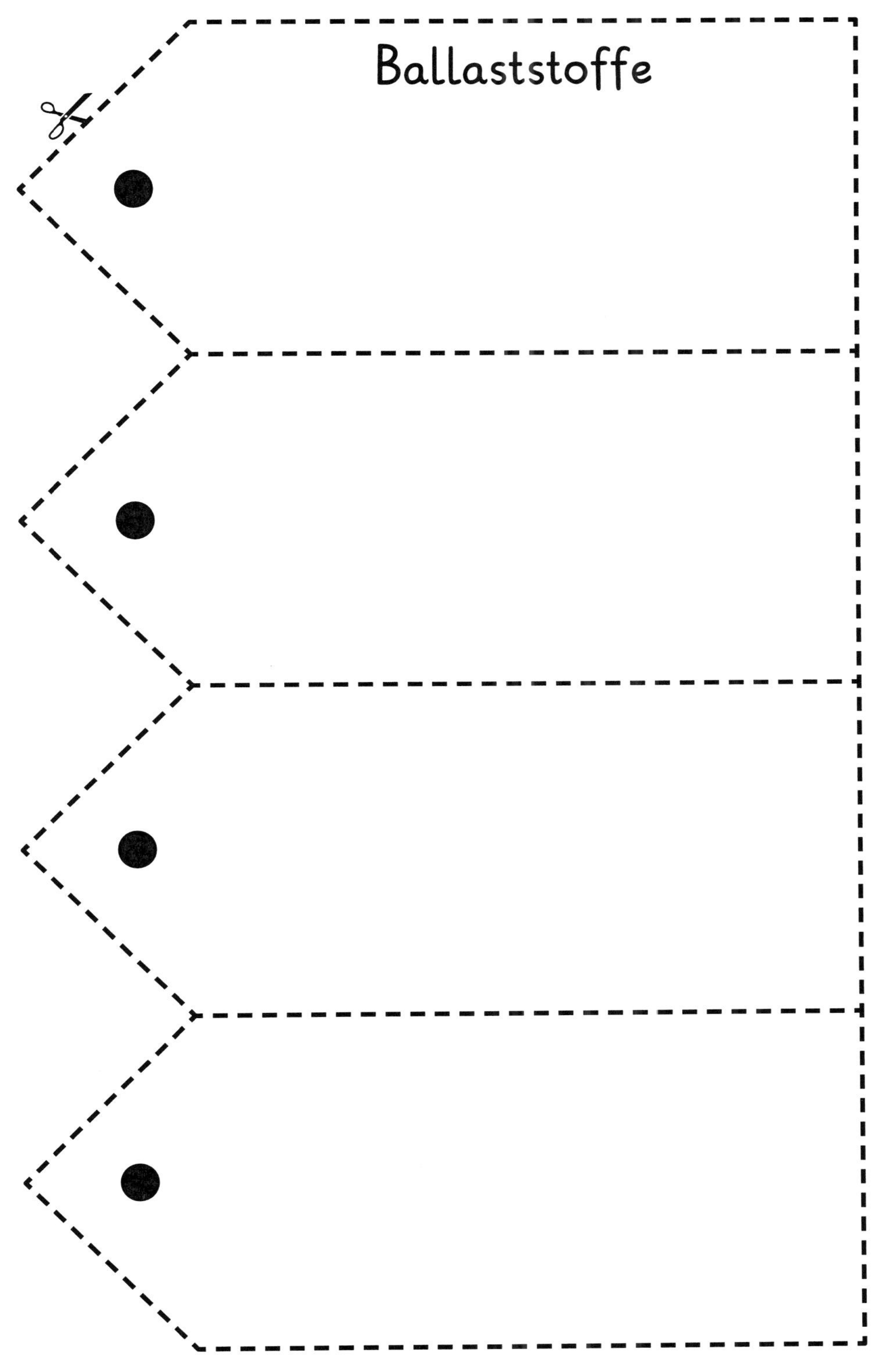

KOHL VERLAG Lernen mit Erfolg
Lapbook GESUNDE ERNÄHRUNG
Gesundes Essen kreativ erarbeiten und darstellen – Bestell-Nr. 13 042

Ballaststoffe

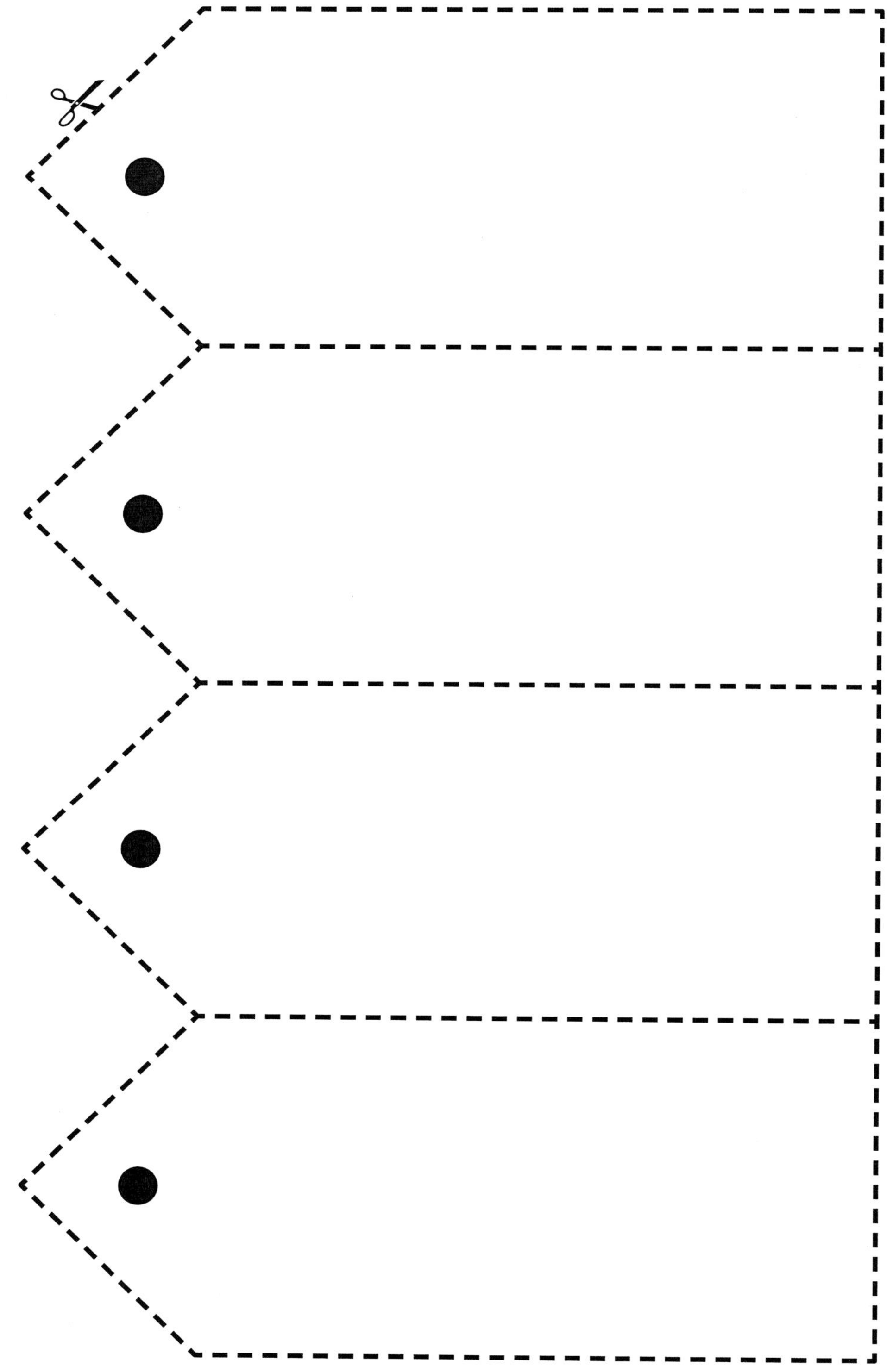

KOHL VERLAG
Lapbook GESUNDE ERNÄHRUNG

Die Ernährungspyramide

Zum Vorlesen:
Die Ernährungspyramide zeigt uns an, wie viel von jedem Nahrungsmittel wir essen sollen. Jeder Baustein steht für eine Portion. Das Maß für eine Portion ist deine Hand. Die Portionen wachsen also mit: kleine Kinder, kleine Hände – große „Kinder", große Hände.

Du sollst also jeden Tag:

- 6-mal trinken,
- 5-mal Obst und Gemüse essen,
- 4-mal Brot, Nudeln, Reis oder Kartoffeln essen,
- 4-mal Milch, Käse, gesunde Fette und Nüsse essen,
- 3-mal Fisch, Eier, Wurst oder Fleisch essen,
- 2-mal Sahne oder Butter und
- 1-mal Kuchen, Eis, Pommes oder Süßigkeiten zu dir nehmen.

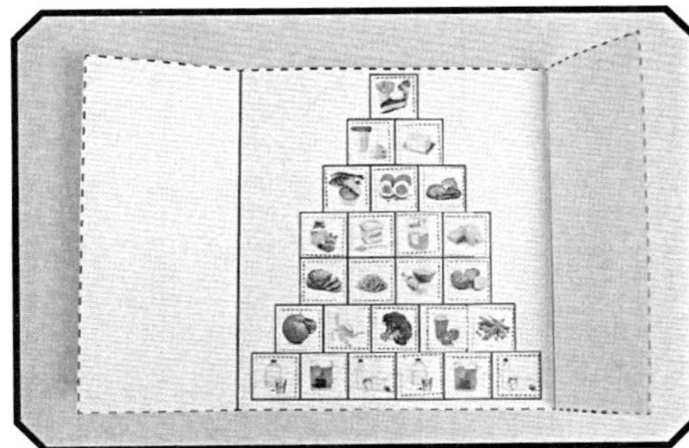

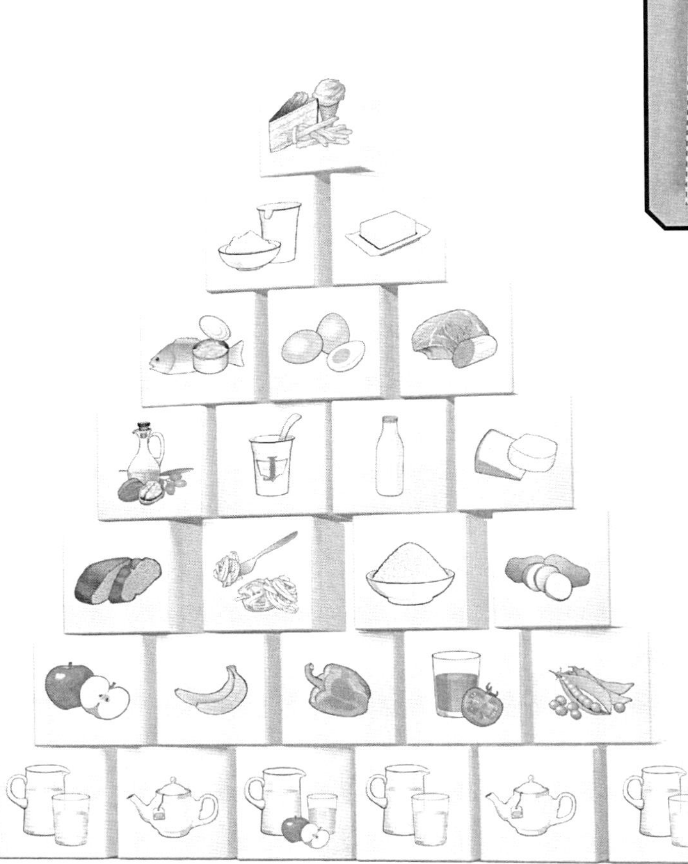

Die Ernährungspyramide

Schneide die Bildchen unten und die Form auf der nächsten Seite aus. Schaue auf die Vorlage auf Seite 29 und klebe die Kärtchen richtig in die Form. Knicke die „Flügel" der Form nach vorne und klebe die beiden Bilder unten darauf.

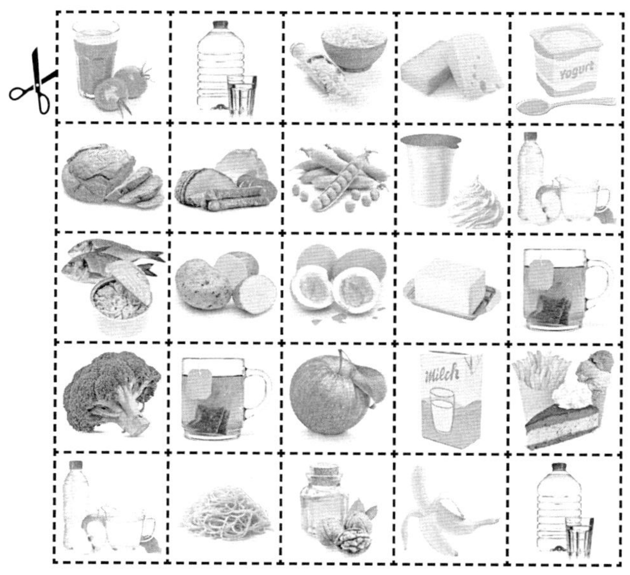

Die Ernährungspyramide

Dieses Feld nach vorne falten.

Dieses Feld nach vorne falten.

Stärke-Nachweis in der Kartoffel (oder im Brot)

Zum Vorlesen:
Die Stärke in der Kartoffel und auch im Brot machen uns satt und geben uns Kraft. Mit Jodlösung kann man Stärke in einem Lebensmittel nachweisen. Lebensmittel, die Stärke enthalten, färben sich mit der Lösung dunkelblau. Wir testen, welche Lebensmittel Stärke enthalten:

Ihr braucht:

- je eine Scheibe Kartoffel
- Gurke
- Apfel
- ein Stück Brot
- die Jodlösung
- Küchenpapier oder Teller

So geht es:
Lege die Kartoffel-, Brot-, Gurke- und Apfel-Scheiben (jeweils etwa ½ cm dick) auf Küchenpapier oder einen Teller. Gib auf jede Scheibe einige Tropfen der Jodlösung. Beobachte! Was verfärbt sich blau? Was enthält also Stärke?

Schneide die 5 Kärtchen auf der nächsten Seite aus. Hefte sie am grauen Rand zusammen. Male jeweils an, was sich blau verfärbt hat, worin also Stärke enthalten ist.

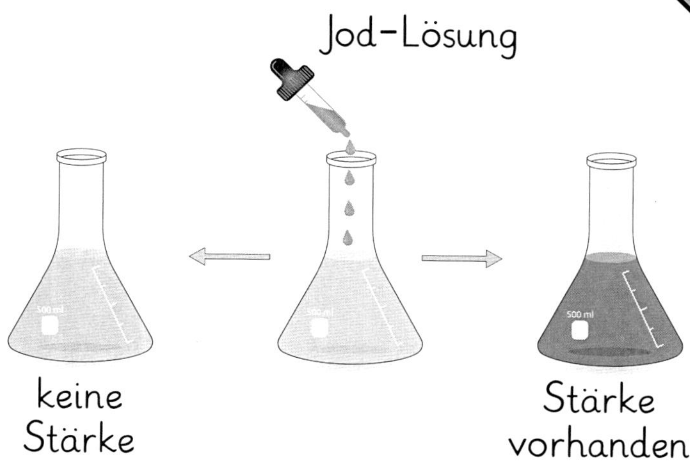

Stärke-Nachweis in der Kartoffel (oder im Brot)

Die Rückseite dieses Feldes an das Lapbook kleben.

Lapbook GESUNDE ERNÄHRUNG
Gesundes Essen kreativ erarbeiten und darstellen – Bestell-Nr. 13 042
KOHL VERLAG

Wir weisen Eiweiß in der Milch nach

Zum Vorlesen:
Durch die tropfenweise Zugabe von Säure (Speiseessig, Zitronensaft) kann man das Eiweiß in der Milch sichtbar machen.

Ihr braucht:
- ein Glas
- frische Vollmilch
- Zitronensaft oder Essig
- Löffel

So geht es:
- Ein Glas wird zu Hälfte mit Milch gefüllt.
- Danach wird etwas Zitronensaft zu der Milch ins Glas gegeben und mit dem Löffel gut umgerührt.
- Die Milch flockt aus, Eiweiß setzt sich ab.

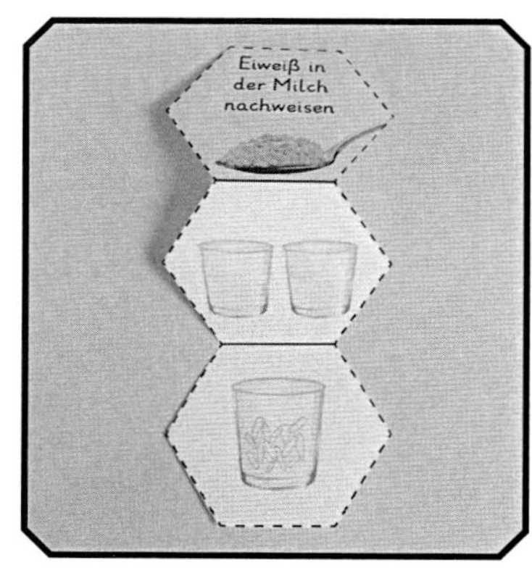

Schneide die Form rechts aus. Berichte, wie du das Eiweiß sichtbar machen kannst. Zeichne in das letzte Glas, wie das aussieht.

Die Rückseite dieses Feldes an das Lapbook kleben.

Wir weisen Fett nach

Ihr braucht:

- 4 Kaffeefiltertüten
- Schere
- Schneidebrett
- Messer
- Pipette
- verschiedene Nahrungsmittel, zum Beispiel: Käse, Kartoffel, Gurke, Mayonnaise, Apfelsaft, Brot, Wurst, Milch ...

So geht es:

- Die Kinder schneiden die Filtertüten auseinander, sodass es acht gleich große Papiere gibt.
- Auf jedem Papier wird ein Nahrungsmittel notiert (oder die Kinder malen es an den Rand), damit es nachher keine Verwechslungen gibt.
- Nun schneiden die Kinder die Nahrungsmittel in würfelgroße Stücke
- Mit der Schnittfläche der Würfel wird vorsichtig über das Filterpapier gerieben oder getupft
- Mit der Pipette geben die Kinder 2 – 3 Tropfen Apfelsaft, Milch und Sahne auf das Filterpapier.
- Dann wird das Papier zum Trocknen zu Seite gelegt
- Wenn die Filterpapierstücke getrocknet sind, schaut sie gegen das Licht an.

Schneide die Blume auf der nächsten Seite aus.
Male hinter jedes Lebensmittel, was Fett enthält, ein dickes **+**.
Lebensmittel, die kein Fett enthalten, bekommen ein **–** .
Falte die Laschen nach innen und klebe es in dein Lapbook..

Lösungen:
Auf den Löschpapieren von Käse, Sahne, Wurst und Schokolade siehst du einen durchscheinenden Fleck. Die anderen Filterpapierstücke von Kartoffel, Gurke, Apfelsaft und Brot sehen wieder aus wie vorher.

Lapbook GESUNDE ERNÄHRUNG
Gesundes Essen kreativ erarbeiten und darstellen – Bestell-Nr. 13 042
KOHL VERLAG

Wir weisen Fett nach

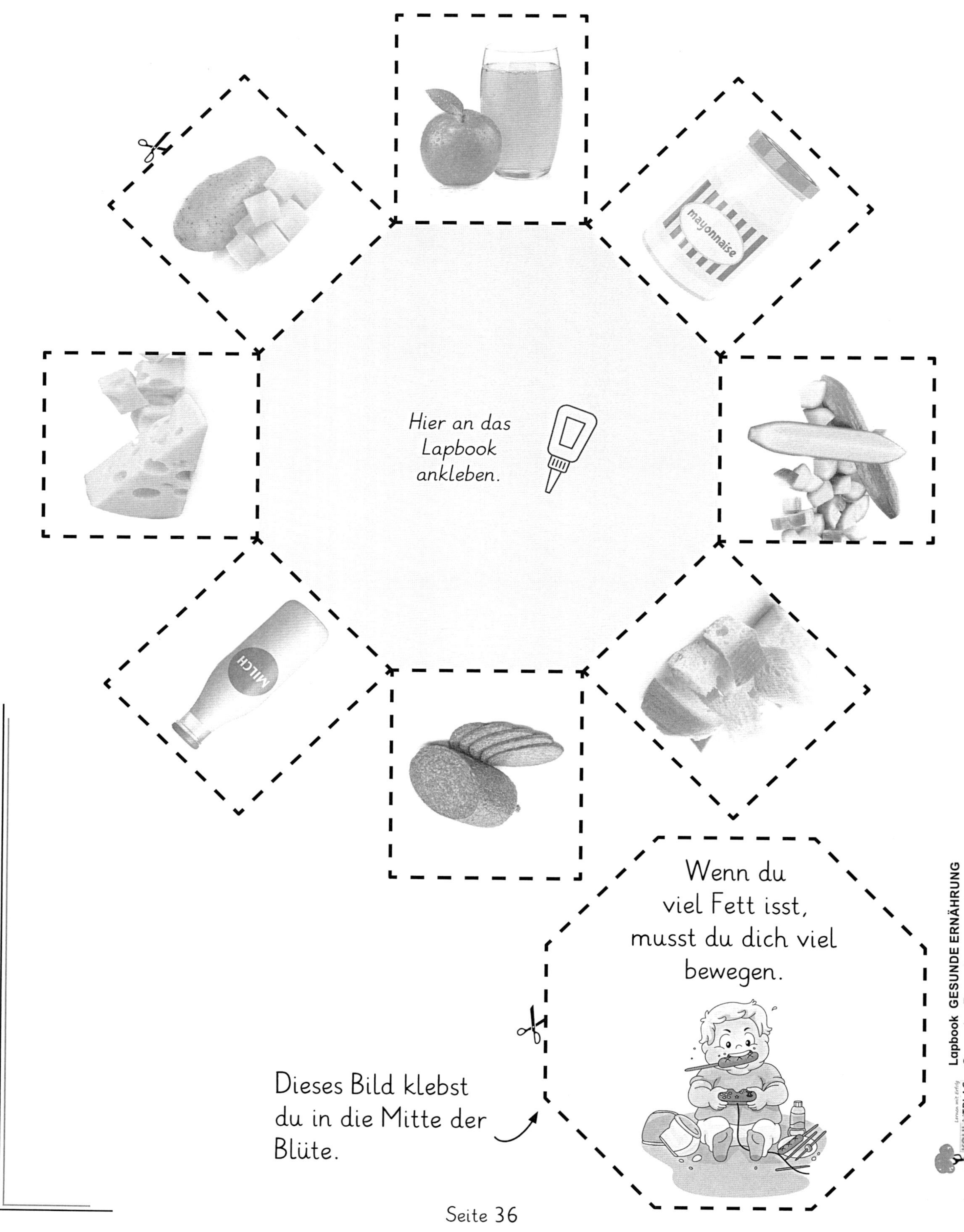

Dieses Bild klebst du in die Mitte der Blüte.

Vitamine

Wir brauchen Vitamine, um gesund zu sein. Aber unser Körper kann die meisten nicht selber herstellen. Darum müssen wir Dinge essen und trinken, die Vitamine enthalten. Sie werden A, B, C, D, E und K genannt.

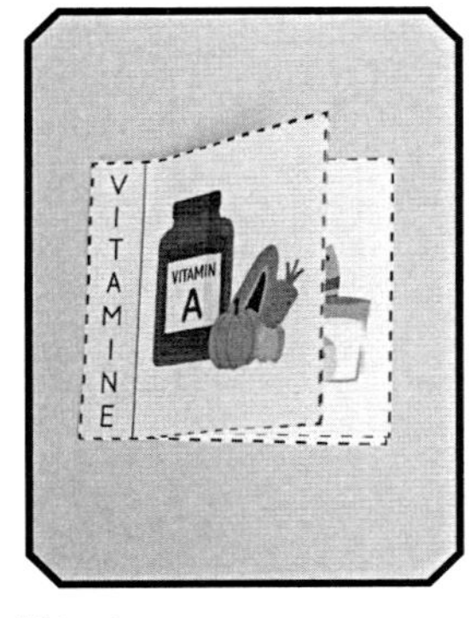

Schneide die Kärtchen unten und auf der nächsten Seite aus. Klebe die Texte hinter die passenden Bilder. Hefte sie dann am grauen Rand zusammen. Klebe zum Schluss die letzte Seite des Mäppchen an dein Lapbook.

Vitamin A benötigen wir für unsere Haut und Augen.

Vitamin B sorgt für Nerven und Stoffwechsel. Es gibt eine Reihe von B-Vitaminen.

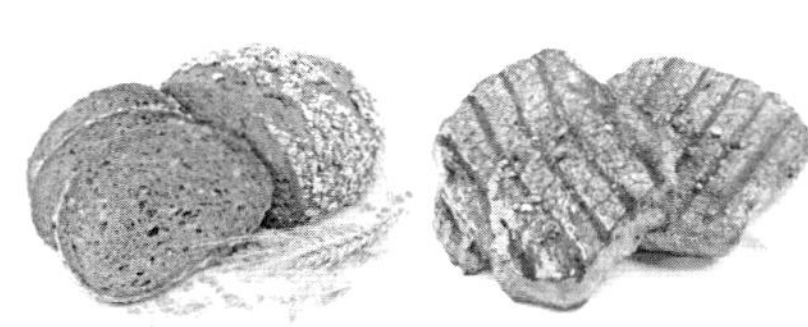

Vitamin C ist notwendig für unsere Abwehrkräfte und unsere Knochen.

Vitamin D kann unser Körper mit Sonnenlicht selber herstellen. Es ist wichtig für Zähne und Knochen.

Vitamin E schützt Haut und Muskeln.

Vitamin K schützt vor Blutungen und stärkt die Knochen.

Lapbook GESUNDE ERNÄHRUNG
Gesundes Essen kreativ erarbeiten und darstellen – Bestell-Nr. 13 042

Vitamine

Die Rückseite dieses Feldes an das Lapbook kleben.

Obst und Gemüse – 5 am Tag

Obst und Gemüse sollst du 5-mal am Tag essen. Es hat viele Vitamine und Ballaststoffe. Doch was gehört zum Obst und was zum Gemüse?

Male die Bilder unten an. Schneide sie aus. Ordne sie nach Obst und Gemüse. Klebe sie auf die Pfeile auf der nächsten Seite. Hefte die Fahnen an der Markierung zusammen und klebe sie in dein Lapbook.

Lapbook GESUNDE ERNÄHRUNG
Gesundes Essen kreativ erarbeiten und darstellen – Bestell-Nr. 13 042
KOHL VERLAG

Obst und Gemüse – 5 am Tag

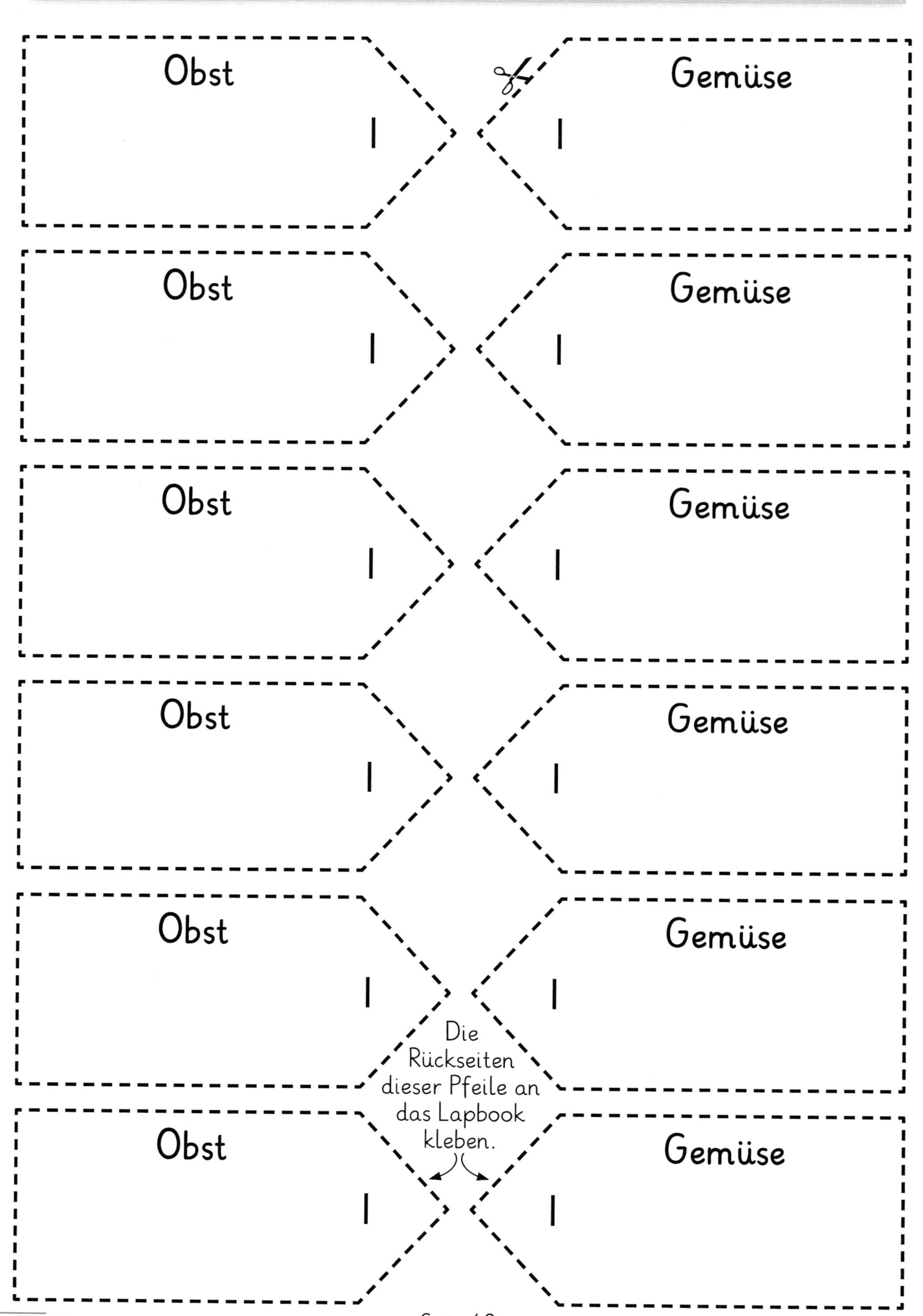